Stefan Fleischer

Gott ist katholisch
Er ist der Allumfassende

Stefan Fleischer

Gott ist katholisch
Er ist der
Allumfassende

Aphorismen und Sprüche
über Gott und die Welt

Bibliografische Information der Deutschen Nationalbibliothek: Die Deutsche Nationalbibliothek verzeichnet diese Publikation in der Deutschen Nationalbibliografie; detaillierte bibliografische Daten sind im Internet über http://dnb.d-nb.de abrufbar.

Herstellung und Verlag:
Books on Demand GmbH, Norderstedt"

ISBN-13: 9783837070217

Anstelle eines Vorworts

Eigenes Denken ist oft angeeignetes.

Aphorismen sind die Brosamen des Denkens,
ein gefundenes Fressen für die Hühner.

Wer glaubt, alles verstehen zu müssen,
versteht am Ende überhaupt nichts mehr.

Wer nie Ausschuss produziert, muss sich fragen,
ob er nicht *nur* Ausschuss produziert.

Wer nichts ist,
kann wenigstens etwas tun.

Da antwortete Gott dem Mose:
Ich bin der «Ich bin»

Ex 3,14

Wer ist Gott? - Gott ist!

Wie ist Gott? - Gott ist grösser!

Wo ist Gott? - Gott ist näher!

Wer ist Gott? - Gott ist!

Gott ist nicht etwas.
Gott ist jemand.

Gott ist der erste,
der zu mir sagt: Du

Gott sagt:
Ich bin der Herr, dein Gott!
Genügt das nicht?

Wie ist Gott? - Gott ist grösser!

Wer glaubt zu wissen, sehe zu,
dass er nicht irre.

Gott ist grösser.
Er unterscheidet genau
zwischen Versagen und Sünde.

Gott verlangt nicht das Unmögliche.
Er erwartet von mir alles,
was mir möglich ist.

Wo ist Gott? - Gott ist näher!

Ich kann Gott nicht erfahren,
wenn ich ihm nur hin und wieder guten Tag sage.

Ich kann Gott nicht erkennen,
wenn ich nicht glaube, was er mir sagt.

Gott spricht kein Deutsch.
Er spricht die Sprache unsers Herzens.

**Thomas antwortete ihm:
„Mein Herr und mein Gott!"**

Joh 20,28

Jeder Mensch braucht ein Du.

Jeder Mensch braucht einen Herrn.

Jeder Mensch braucht einen Gott.

Jeder Mensch braucht ein Du

Der sicherste Zugang zum Geheimnis Gottes
heisst:: Du, mein Herr und mein Gott!

Die Befriedigung unseres Sehnsucht
nach Spiritualität, Gemeinschaft, und Leben,
ist nicht der Zweck, sondern
die erfreuliche Folge der Religion.

Heiligkeit ist die tiefe Beziehung zu Gott,
ein wunderbares und unergründliches
Zusammenspiel von Gott und Mensch,
von Gnade und Bemühen.

Jeder Mensch braucht einen Herrn

Wer sich von Gott abwendet,
dem sitzt Er im Nacken.

Besser eine Welt, in der Gott sagt,
was gut und was böse ist,
als eine, in der dies jeder besser weiss
als der andere.

Viele glauben, ihr eigener Herr zu sein,
und sind doch nur ihr eigener Sklave.

Jeder Mensch braucht einen Gott

Gott ist der Einzige
dem man glauben kann.

Auf dem Platz, auf dem Gott in unserem Leben
stehen sollte, steht sehr oft nichts,
weil wir nicht wissen,
was wir dort eigentlich hinstellen sollen.

Christsein war und bleibt Selbstverwirklichung
durch die Verwirklichung des Planes Gottes
mit mir.

Die Toren sagen in ihrem Herzen: „Es gibt keinen Gott"

Ps 14,1

Atheisten leben anstrengend.

Atheisten leben unlogisch.

Atheisten leben sinnlos.

Atheisten leben anstrengend

Atheisten leben anstrengend. Sie müssen ständig
die Wahrscheinlichkeit widerlegen,
dass es Gott gibt.

"Ich glaube schon,
dass es eine höhere Macht gibt",
ist der Versuch,
sowohl den Anstrengungen des Atheismus
wie den Forderungen der Religion
auszuweichen.

Der Atheist sucht Gründe gegen den Glauben.
Der Theologe sucht Gründe für den Glauben.
Der Gläubige sucht die Beziehung zu Gott.

Atheisten leben unlogisch

Der grösste Fort-Schritt des Menschen
ist die Gottlosigkeit.
Damit verlässt er den letzten Rest
des Paradieses, der ihm noch geblieben ist.

Atheisten behaupten, es gibt keinen Gott,
weil sie Gott als etwas definieren,
das es nicht geben kann.

Der Glaube an einen vernünftigen Schöpfer
scheint mir vernünftiger als
der Glaube an einen unvernünftigen Urknall.

Atheisten leben sinnlos

Atheisten sind wie Laufmäuse im Rad.
Sie rennen, damit die Welt sich dreht.

Atheisten sind Menschen,
die sich krampfhaft weigern,
mehr sein zu müssen
als ein Hund oder ein Schwein.

Gehen wir, wir werden schon sehen,
wohin wir kommen.

Zu wunderbar ist für mich dieses Wissen

Ps 139,6

Ich glaube, weil ich nicht verstehe.

Ich glaube, was ich nicht verstehe.

Ich glaube, um zu verstehen.

Ich glaube, weil ich nicht verstehe

Das Tor zum Glauben heisst:
"Ich glaube"

Ich hoffe, also glaube ich.
Ich glaube, also liebe ich.
Ich liebe, also hoffe ich.

Zeige mir deinen Gott,
und ich weiss,
dass du keinen hast.

Ich glaube, was ich nicht verstehe

Wahre Wunder sind so wunderbar,
das wir sie fast nie wahrnehmen.

Ein Gott in drei Personen!
Umfassender lässt sich das Geheimnis Gottes
nicht ausdrücken.

Sich bedingungslos in die Hand
von uns Menschen zu geben,
das kann sich nur Gott gestatten.

Ich glaube, um zu verstehen

Der Mensch erkennt zuerst mit den Sinnen.
Darauf aufbauend erkennt er mit dem Verstand.
Und wiederum darauf aufbauend
erkennt er mit dem Glauben.

Wer auf den Glauben verzichtet,
verzichtet auf einen wesentlichen Teil
seines Menschseins.

Früher predigte der Pastor von der Kanzel herab,
und seine Schäfchen verstanden ihn.
Heute spricht der Theologe ins Mikrophon,
doch die wenigsten hören ihm zu.

Glaube, Hoffnung, Liebe
diese drei,
das Grösste aber ist die Liebe.

1.Kor 13,13

Das Tiefste am Menschen ist der Glaube.

Das Menschlichste am Menschen ist die Hoffnung.

Das Grösste am Menschen ist die Liebe.

Das Tiefste am Menschen ist der Glaube

Entweder ich glaube jedem, aber nicht alles,
oder ich glaube alles, aber nicht jedem.

Ich glaube so stark wie ich hoffe.
Ich hoffe so stark wie ich glaube.

Die grosse Versuchung
(nicht nur) jedes Theologen ist,
Gott zum Sprecher seiner eigenen Meinung
zu machen.

Das Menschlichste am Menschen ist die Hoffnung

Das einzige, das immer trägt,
ist die Hoffnung.

Glaube kann wanken.
Liebe kann schwinden.
Die Hoffnung erhält beides.

Christsein heute heisst - wie eh und je -
ein Leben mit Gott,
in jeder Situation meines Lebens,
aus der Hoffnung auf das Leben
einst in Seiner Herrlichkeit.

Das Grösste am Menschen ist die Liebe

Liebe ist Alterzentrismus.
Gottesliebe ist Theozentrismus.

Dankbarkeit ist
ein anderes Wort für Liebe.

Liebe ist nicht zuerst ein Gefühl,
sondern eine Haltung.

Steige herab vom Kreuz, dann wollen wir an dich glauben

Mt 27,42

Das Kreuz verstehen kann nur, wer es annimmt.

Das Kreuz annehmen kann nur, wer Gott annimmt.

Gott annehmen kann nur, wer ihn nicht zubegreifen begehrt.

Das Kreuz verstehen kann nur, wer es annimmt

Das Entscheidende am Kreuz
ist nicht der Schmerz,
sondern das Tragen von Schuld.

Was Christus trug, war unsere Schuld.
Was wir zu tragen haben,
ist meist auch unsere Schuld.

Wo mir nicht mehr das Kreuz Christi
die letzte Hoffnung ist,
da bleiben mir meist nur zwei Waffen,
die Lächerlichmachung des Gegners,
und der Galgenhumor.

Das Kreuz annehmen kann nur, wer Gott annimmt

Es ist leicht, einem Weisen zu gehorchen.
Noch leichter sollte es eigentlich sein,
dem Allwissenden zu gehorchen.

Hoffnung ist
Vertrauen in Gott.

Ein Christ träumt nicht.
Er weiss, dass er sich immer und überall
für Gott zu entscheiden hat, und dies auch kann,
weil sein Erlöser lebt.

Gott annehmen kann nur,
wer ihn nicht zu begreifen begehrt

Der Mensch von heute
kann das Kreuz nicht verstehen,
weil er nicht verstehen will,
dass er Gott nie ganz verstehen kann.

Vom Kreuz herab lächelt Christus uns zu:
"Sieh, so erlöst man die Welt!"

Ein ehrliches "Ich danke Dir, mein Gott",
wenn es mir einmal schlecht geht,
ist mehr wert, als tausend Rosenkränze.
Doch es braucht wohl mehr als
tausend Rosenkränze, bis ich dazu fähig bin.

Doch bin ich fest davon überzeugt, dass ihr keine andere Lehre annehmen werdet

Gal 5,10

Was erbitten wir von der Kirche?
- Den Glauben.

Was schenkt uns die Kirche?
- Die Wahrheit.

Was erwartet die Kirche von uns?
- Den Gehorsam.

Was erbitten wir von der Kirche?
– Den Glauben

Ein Christ träumt nicht. Er glaubt.
Und dieser Glaube gibt ihm ein Vertrauen,
das alle Träume übersteigt,
vor dem jede Vision verblasst.

In unserer aufgeklärten Welt hat der Aberglaube
Hochkonjunktur,
noch mehr jedoch jener „Aber-Glaube", der sagt:
"Ich glaube, aber ... "

An Gott glauben heisst nicht einfach:
ich glaube, dass es einen Gott gibt.
Es ist die verpflichtende Annahme dessen,
was Gott uns geoffenbart hat.

Was schenkt uns die Kirche?
– Die Wahrheit

Die Wahrheit ist absolut.
Relativ sind mein Empfinden
und meine Erkenntnis.

Es gibt Theologen, die sprechen ständig
vom "Geheimnis Gottes",
um seiner Offenbarung ausweichen zu können.

Viele Menschen suchen Gott
aus lauter Angst, ihn zu finden.

Was erwartet die Kirche von uns?
– Den Gehorsam

Jede Gotteserfahrung beruht auf Dogmen,
denen der Kirche, oder der meiner eigenen.

Wer nicht zu den Lämmern gehören will,
die Petrus zu weiden hat,
gehört eben zu den Schafen.
Wenn es ihm auch dort nicht gefällt,
kann er sich immer noch
bei den Böcken einreihen.

Ich glaube an eine hierarchische Kirche,
weil diese Kirche nicht sich selbst gehört,
sondern ihrem Gründer,
unserem Herrn Jesus Christus.

Ihr seid zur Freiheit berufen, Brüder

Gal 5,13

Befreiung ist noch lange nicht Erlösung.
Erlösung ist weit mehr als Befreiung.
Erlösung ist Sieg über die Sünde.

Befreiung ist noch lange nicht Erlösung

Wir Christen träumten vom Himmel,
warf man uns früher oft vor.
Was hat sich geändert,
wenn wir nun stattdessen von
einer besseren Welt hier und jetzt träumen?

Die grausamste aller Welten ist dort,
wo niemand mehr fähig ist,
auf sein Recht zu verzichten.

Wer für den Frieden auf die Barrikaden geht
beginnt damit, dass er Barrikaden baut.

Erlösung ist weit mehr als Befreiung

Christus ist nicht gekommen,
um zur Weltverbesserung aufzurufen,
sondern zur eigenen Umkehr,

Ein Armer wird immer glauben,
wenn ich ihm verspreche,
seine Situation zu verbessern.
Ein Reicher wird sich nur bekehren lassen,
wenn ich ihm meine eigene Bekehrung beweise.

Der Reiche hat Reichtum.
Der Zufriedene ist reich.
Der Erlöste ist selig.

Erlösung ist Sieg über die Sünde

Der Sünder kann notfalls
mit dem Schwert besiegt werden,
die Sünde nur durch Tod und Auferstehung.

Christus wurde nicht von Sündern gekreuzigt.
Er hat am Kreuz die Sünde besiegt.

Nicht die Befreiungstheologie
kann die Welt verändern,
nur eine Verantwortungstheologie,
eine Theologie, die uns alle
in unsere Verantwortung
vor Gott stellt.

Abraham zweifelte nicht
im Unglauben
und erwies Gott die Ehre

Röm 4,20

Im Gotteslob erkennt der Mensch seine Grösse.

Im Gotteslob erkennt der Mensch seine Grenzen.

Im Gotteslob verwirklicht sich der Mensch erst ganz.

Im Gotteslob erkennt der Mensch
seine Grösse

Das wahre Menschsein beginnt
mit dem Lob und der Anbetung Gottes.
Wo der Mensch dazu keine Zeit mehr hat,
fällt er zurück auf die Stufe des Tieres.

Gott bedarf nicht unseres Lobes.
dass wir ihn loben dürfen,
beweist uns unsere Grösse vor Ihm.

Das Gotteslob umfasst mich ganz,
meinen Verstand und mein Gefühl,
ja sogar meinen Körper.

Im Gotteslob erkennt der Mensch seine Grenzen

Gott ist einer von uns geworden.
Doch ihn auf die gleiche Stufe mit uns zu stellen
macht sein Kreuz zur vergeblichen Liebesmüh.

Gotteslob ist unvereinbar damit,
vor Gott und der Welt gut dastehen zu wollen.

Im Gotteslob lernen wir weit mehr über ihn
als im intensivsten Studium.

Im Gotteslob verwirklicht sich der Mensch erst ganz

Hoffe auf den Herrn
und du wirst ihn loben.
Lobe den Herrn
und du wirst auf ihn hoffen.

Früher baute man Kirchen zur Ehre Gottes,
heute zum Nutzen der Menschen.

Das Gotteslob ist die schönste Art
Mensch zu sein.

Denn über deine Vorschriften sinne ich nach

Ps 119,99

Diskussionen sind noch längst keine Wissenschaft.
Wissenschaft ist noch längst keine Weisheit.
Nur Weisheit füllt die Form mit Inhalt.

Diskussionen sind noch längst keine Wissenschaft

Es wird vielerorts
auf sehr hohem Niveau diskutiert.
Die tieferen Ursachen bleiben ausgeklammert.

Zu hinterfragen ist die sicherste Art,
den eigentlichen Fragen auszuweichen.

Wer diskutiert, um zu belehren
wird den anderen nie verstehen.

Wissenschaft ist noch längst keine Weisheit

Die Wissenschaft ist heute so spezialisiert,
dass sie den Überblick verliert.
Die Theologie ebenfalls.

Früher nannte man sie Fachidioten.
Heute bezeichnen sie sich als Experten.

Ein Christ träumt nicht.
Er steht mit beiden Beinen auf dem Boden
jener Realität, die Gott ist.

Nur Weisheit füllt die Form
mit Inhalt

Zwischen der Häresie der Formlosigkeit
und der Häresie des Formalismus
läuft nur ein schmaler Grat.

Viele Reformen wären unnötig, würde man
der Form mehr Beachtung schenken.

Christlicher Fundamentalismus feiert Urstände,
weil das etablierte Christentum von heute
dem Menschen kein Fundament mehr vermittelt.

Wenn dein Bruder sündigt, weise ihn zurecht

Lk 17,3

Die Kritik des Besserwissers ist bissig.
Die Kritik des Freundes ist verstehend.
Die Kritik der Toren ist unausstehlich.

Die Kritik des Besserwissers ist bissig

Ständige, bissige Kritik zeugt meist
von fehlendem Fachwissen,
oder mangelnder Kenntnis der Fakten.

Weise denken in Zusammenhängen,
Toren in Einzelsätzen.

Es ist die logische Metamorphose,
dass aus Hoffnungsträgern Sündenböcke werden,
wenn wir ihnen all unsere falschen
Hoffnungen aufgeladen haben.

Die Kritik des Freundes ist verstehend

Ein Kritiker sieht,
was der andere alles falsch macht.
Ein Freund sieht,
warum der andere all das falsch macht.

Das Schlimme an den Fehlern der anderen ist,
dass sie mich so oft daran hindern,
selber ein besserer Mensch zu sein.

Wahre Hoffnung wächst
an der Enttäuschung.

Die Kritik der Toren ist unausstehlich

Schlagworte
sind die (er)schlagendsten Argumente.

Ein ausgestreckter Zeigefinger ist blind.
Aber er hilft, Schuldige zu finden.

Wer nicht versteht,
kann sich um Verständnis bemühen.
Wer nicht verstehen kann,
muss sich damit abfinden.
Wer nicht verstehen will,
dem kann man nicht helfen.

Zieh zuerst den Balken aus deinem Auge

Mt 7,5

Mensch, erkenne deine Bosheit.
Mensch erkenne deine Torheit.
Mensch, erkenne deine Grösse.

Mensch, erkenne deine Bosheit

Ein Christ träumt nicht.
Er ist sich immer der Realität
des Bösen bewusst.

Bevor du deinem Nächsten auf die Zehen trittst,
schenke ihm ein Paar Stahlkappenschuhe!

Mit dem guten Namen meines Nächsten
ist es wie mit den Gläsern meiner Brille.
Bei genauerem Hinsehen
erweisen sich die Flecken darauf oft
als meine eigenen Fingerabdrücke.

Mensch erkenne deine Torheit

Im Müssiggang erkennt der Tor seine Weisheit,
der Weise seine Lasterhaftigkeit.

Wir können nie mehr falsch machen
als wenn wir glauben
nichts falsch machen zu dürfen.

Alles, was der Mensch nicht kennt,
dem gibt er einen Namen
und glaubt, es dann zu kennen.

Mensch, erkenne Deine Grösse

Die Fehler anderer nicht sehen
ist Selbstschutz.
Die Fehler anderer verzeihen
ist Selbstüberwindung.

Liebe handelt.
Handeln allein aber
ist noch lange nicht Liebe.

Nirgends ist der Mensch grösser
als in seiner bewussten Geschöpflichkeit.

Mein Königtum ist nicht von dieser Welt

Joh 18,36

Der Schwache träumt von Macht.

Der Tor träumt von Ehre.

Der Individualist träumt von der Gesellschaft.

Der Schwache träumt von Macht

Die verantwortungslosesten "Geschöpfe"
dieser Welt sind die Parlamente.
Sie können von niemandem
zur Verantwortung gezogen werden.

Macht korrumpiert den Menschen.
Demokratie korrumpiert das Volk.

Der grösste Meinungsterror von heute
ist der Mainstream.
Wer nicht mit schreit, wird nieder geschrien.

Der Tor träumt von Ehre

Nur nicht weg vom Fenster, sagte er,
und stürzte aus dem dritten Stock.

Ein kultiviertes Schwein wäscht sich,
bevor es sich im Deck wälzt.

Christsein heute misst sich - wie schon früher -
nicht an dem, was wir leisten,
sondern immer und allein
an dem, was wir sind.

Der Individualist träumt
von der Gesellschaft

Besser ein schwarzes Schaf in der Herde,
als einen Wolf im Schafspelz.

Das Individuum ist der Menschheit
grösster Feind.

Wie oft hat Christus nicht
zu Frieden und Gerechtigkeit aufgerufen!
Zum Kampf für Friede und Gerechtigkeit aber
nie!

Du sollst wissen, wie man sich im Hauswesen Gottes verhalten muss

1.Tim 3,15

Eine demokratische Kirche ist von dieser Welt.

Eine offene Kirche ist eine Allerweltskirche.

Eine missionarische Kirche ist die Kirche Christi.

Eine demokratische Kirche ist von dieser Welt

Eine demokratische Kirche -
eine Herde, die ihre Hirten führt.

Eine demokratische Kirche riskiert,
zur "Oben-ohne-Kirche" zu werden,
ohne Gott über sich!

Die Forderung nach Dialogfähigkeit
ist oft nichts anderes
als die Tarnkappe des Meinungsterrors.

Eine offene Kirche ist
eine Allerweltskirche

In einer offenen Kirche
müssen wir uns warm anziehen,
damit wir uns im Durchzug der Meinungen
keinen Schnupfen holen,
und einen Schirm mitnehmen,
damit wir nicht plötzlich im Regen stehen.

Hilfe! Wir haben Gott verloren!
Wir wollten ihn hier bei uns festhalten,
statt ihm in die Ewigkeit zu folgen.

Wir haben eine offene Kirche.
Immer mehr Menschen verlassen sie.

Eine missionarische Kirche ist die Kirche Christi

In der Kirche stehen sie im vollen Ornat
als Vertreter Gottes und der Kirche.
Auf der Strasse laufen sie herum
wie Geheimagenten Gottes.

Wo der Mensch im Zentrum der Kirche steht,
verkommt der Begriff "Gottesdienst"
zur existentionellen Lüge.

Früher sagte die Kirche noch jedem Einzelnen,
was richtig und falsch, was gut und böse ist.
Heute wagt sie dies nur noch
der Gesellschaft zu sagen.

Selig seid ihr, wenn ihr das wisst und danach handelt

1 Joh 13,17

Alles, was ihr tut, tut mit Verstand.

Alles, was ihr tut, tut in der Liebe.

Alles, was ihr tut, tut in Ruhe.

Alles, was ihr tut, tut mit Verstand

Sprüche klopfen ist leichter als Steine klopfen.
Im Lärm, der entsteht, sind sich beide gleich.

Wir alle neigen dazu, alles zu tun,
damit all das getan wird, was wir glauben,
dass es getan werden sollte.

Je mehr sich der Mensch die Arbeit erleichtert,
desto mehr Arbeit macht er sich.

Alles, was ihr tut, tut in der Liebe

Was du vom anderen forderst,
das lebe ihm vor.

Wenn einer auszieht zu bekehren
riskiert er, bekehrt zurück zu kehren.
Und oftmals ist das das Beste,
was ihm dabei passieren kann.

Kleine Geschenke erhalten die Freundschaft,
grosse nähren den Verdacht.

Alles, was ihr tut, tut in Ruhe

Gemächlichkeit ist noch lange keine Faulheit.
Der Umkehrschluss gilt auch.

Unzufriedene sind nur zu faul zu kämpfen.
Zufriedene sind zu faul zu kämpfen.

Schneller - höher - weiter!
Ruhiger - tiefer - näher!

Darum hört mir zu, ihr Männer mit Verstand!

Ijob 34,10

Der politische Verstand ist Schlauheit.

Der Menschenverstand ist Selbstschutz.

Der wahre Verstand ist Liebe.

Der politische Verstand ist Schlauheit

Vorsicht vor überzeugten Demokraten.
Es sind oft verhinderte Diktatoren.

Bei der Gartenarbeit
bleiben die Hände nicht sauber,
in der Politik die weisse Weste nicht.

Niemand verteidigt seine Ansicht so heftig
wie der Relativist.

Der Menschenverstand
ist Selbstschutz

Der gesunde Menschenverstand,
das ist immer mein eigener.

Früher verliess sich der Arzt auf seine Erfahrung,
heute auf sein Labor.

Der moderne Mensch hinterfragt alles.
Deshalb bleibt er so vordergründig.

Der wahre Verstand ist Liebe

Der Undank, den du erntest,
gereicht dir zur persönlichen Grösse.

Der reife Mensch versucht
den anderen so zu lieben,
dass dieser es gar nicht mehr merkt.

Besser ein freundliches "Sie"
als ein verächtliches "Du".

Doch diesem Volk fehlt es an Rat

Dtn 32,28

So einfach ist das.
Aber ganz so einfach es auch wieder nicht.
Ein Geheimnis bleibt immer.

So einfach ist das

Den Kometen am Himmel,
ein Blümlein am Strassenrand:
Wer beides sieht, ist weitsichtig.

Die Strasse vor ihm,
das Dorf hinter ihm:
Wer beides sieht, ist vorsichtig.

Die weite Welt,
das eigene Herz:
Wer beides sieht, ist umsichtig.

Aber ganz so einfach es auch wieder nicht

Glücklich zu preisen ist,
wer stets einen kühlen Kopf
und ein warmes Herz
zu bewahren versteht.

Ein Christ braucht zum Bösen in der Welt
nicht zu schweigen.
Er muss sich aber immer bewusst bleiben,
dass er das Böse in der Welt nur in dem Mass
überwindet, als er ihm im eigenen Leben
zu widerstehen vermag.

Die Unlogik des Relativismus ist,
dass er sich selbst absolut setzt.

Ein Geheimnis bleibt immer

Es gibt Menschen,
bei denen erschöpft sich ein Thema
in dem, was andere darüber gesagt haben.

Ein Gott, der kein Geheimnis ist,
ist kein Gott.

Ein Gott, der nur noch Geheimnis ist,
ist kein Gott mit uns.

Ich bitte Dich nicht, dass Du sie aus der Welt nimmst

Joh 17,15

Wenn alle zur Elite gehören wollen,
gibt es bald keine Elite mehr.

Wenn alle reich sein wollen,
gibt es bad keinen Reichtum mehr.

Wenn aber alle Christen sein wollten,
gäbe es bald eine christliche Welt.

Wenn alle zur Elite gehören wollen,
gibt es bald keine Elite mehr

Antifundamentalismus
ist der Fundamentalismus
der Relativisten.

Es tut gut, dem anderen so richtig
die Meinung zu sagen,
weniger ihm als mir!

Die Schlimmsten der Guten
sind die "Besseren".

Wenn alle reich sein wollen,
gibt es bad keinen Reichtum mehr

Reichtum lässt sich nicht beliebig mehren,
nur umverteilen.

Ein Teil des Reichtums dieser Welt wird
im Kampf um mehr Reichtum vernichtet.
Ein anderer zur Sicherung dieses Reichtums.

Ein gleich hoher Lebensstandard für alle
bedeutet schlussendlich ein gleich tiefer.

Wenn aber alle Christen sein wollten, gäbe es bald eine christliche Welt

Gott ist allgegenwärtig,
auch in meinem Leben?

Das kindlich-vertrauende Gebet
ist die beste Schule der Dialogfähigkeit.

Bin auch ich nur so lange ein guter Christ,
bis das Kreuz "unerträglich" wird?

Die Stunde ist gekommen, aufzustehen vom Schlaf

Röm 13,11

Wer nie beginnt, kommt an kein Ende.
Wer kein Ende sieht, wird nie beginnen.
Wer beginnt, kann hoffen.

Wer nie beginnt, kommt an kein Ende

Wenn ich alles aufschreibe, was ich tun sollte,
fehlt mir am Ende die Zeit, es zu tun.

Gott spricht: "Ich bin der Herr, dein Gott!"
und nicht: "Ihr Diener, Herr Baron."

Viele suchen nach der Bedeutung ihres Namens.
Christen glauben, dass Gott sie
mit genau diesem Namen ruft.

**Wer kein Ende sieht,
wird nie beginnen**

Ein unerreichbares Ziel
kann sich nur jener gestatten,
der ein erreichbares nächstes hat.

Achte auf die Zeichen der Zeit,
und sei nicht abergläubisch
sondern gläubig.

Ich kann in einem
Feld-, Wald- und Wiesenverein spielen:
- um für eine höhere Liga
entdeckt zu werden,
- aus Angst in einer höheren Liga
spielen zu müssen,
- im Bewusstsein, für eine höhere Liga
unfähig zu sein.

Wer beginnt, kann hoffen

Der einzig erfolgversprechende Weg
in eine bessere Welt
besteht darin, bei sich selbst zu beginnen.

Gott ist immer so und immer dort,
wie und wo wir ihn brauchen.

Ich muss Gottes Barmherzigkeit akzeptieren,
um sie zu erfahren.

Ich bin der Herr, der dich bei deinem Namen ruft

Jes 45,3

Ich, der Herr, dein Vater.

Ich, der Herr, dein Erlöser.

Ich, der Herr, dein Lehrer.

Ich, der Herr, dein Vater

Was will Gott?
Er will mich!

Gott will nicht, dass ich *viel* für ihn tue.
Er möchte, dass ich alles *für ihn* tue.

Gott gibt niemals einen Skorpion,
wenn wir ihn um einen Fisch bitten.
Es kann aber durchaus vorkommen,
dass er uns einen Fisch gibt,
wenn wir ihn um einen Skorpion bitten.

Ich, der Herr, dein Erlöser

Gott schliesst nicht die Augen
vor unseren Sünden.
Er verzeiht.

Es nützt mir nichts, für die Bekehrung
der Sünder zu beten,
wenn ich mich dabei nicht mit einschliesse.

Ein Platz in der Besenkammer des Himmels
ist immer noch besser
als ein Ehrenplatz in der Hölle.

Ich, der Herr, dein Lehrer

In der Schule lernen wir vieles,
von dem wir erst später merken,
wozu es uns nützlich ist.
In der Schule Gottes ist es genauso.

Entscheidend ist,
dass ich in der Stunde meines Todes
die Hand Gottes ergreife.
Das aber lässt sich immer und überall üben.

Ein Gottesdienst
nicht nach meinem Geschmack?
Ein Grund mehr,
möglichst tief in jenes Geheimnis
einzudringen, das dahinter steht.

Anstelle eines Schlusswortes

Der Mensch von heute hat so viel zu lesen,
dass er nicht mehr zum Lesen kommt.

Wie soll ich wissen,
was ich geschrieben habe,
bevor ich nicht gelesen habe,
was andere darüber schreiben?

Der menschliche Gedanke
wächst auf dem Humus
allen menschlichen Denkens.

Das Schlimmste an jeder Ordnung ist,
dass es stets noch eine bessere gibt.

Beim Sündenbockschiessen gibt immer
der grösste Bock den Schiessbefehl.